GW01466438

COLLECTION
FICHEBOOK PHILOSOPHIE

CLAUDE LE MANCHEC

Héraclite

Fiche de lecture

Les Éditions du Cénacle

ISBN 978-2-36788-617-6

Dépôt légal : Octobre 2015

SOMMAIRE

• Introduction.. 9

• Biographie de Héraclite.. 13

• Analyse de sa pensée.. 17

• Conclusion... 29

• Principaux ouvrages.. 33

• La citation... 37

• Dans la même collection.. 43

INTRODUCTION

Nous vivons dans un monde où tout ne cesse de changer. Telle branche devient une bûche, ensuite une flamme et puis, tout à coup, il ne reste plus rien que quelques cendres. Si le vent se lève, de ce qui était encore quelques minutes auparavant un morceau de bois sec, il ne restera bientôt plus rien. Nous aussi, les hommes, nous ne faisons que passer. Mais qu'est-ce qui persiste malgré tout à travers le changement ? interrogent Héraclite et, avec lui, l'école ionienne. C'est la substance qui persiste, répondent les penseurs grecs. Car il doit bien y avoir quelque chose qui persiste dans l'être sinon il n'y aurait plus rien sur Terre. Il y a donc quelque chose qui dure : l'être (de *ontos*, étant), la substance qui est un des genres de l'être, ou l'étant. Quel est donc le fondement qui porte tout ce qui passe ? Le changement est porté par un être qui change et qui subsiste, qui reste l'être. Mais quel est ce fondement ? Thalès a répondu : c'est l'eau. L'eau est le principe de toute chose. Un autre a répondu : c'est l'air. Anaximandre a répondu : c'est l'infini. Pour Héraclite, ce sera plutôt le feu. Les éléments les plus fluides, les plus mobiles sont les plus subtils ; ce sont les éléments qui peuvent se transformer en autre chose sans s'abolir.

L'École ionienne, à laquelle appartient Héraclite, tout comme d'ailleurs sa rivale, l'École éléate (Parménide), a posé avec acuité le problème du changement et de la durée, de l'éphémère et du permanent, et a développé l'idée d'une substance immuable au sein de laquelle rien ne se perd. Ce problème est en réalité celui de l'un et du multiple car l'éphémère appartient au monde du multiple, au monde du pluriel tandis que si l'on vise le permanent, on vise quelque chose qui est Un. Si l'on veut nommer ce qui est, ce qui n'est ni changeant ni éphémère, on parle de l'éternel, de l'Un, de ce qui ne change pas. Or dans l'expérience, nous avons toujours affaire au changement. C'est au changement, c'est à l'évidence de notre expérience quotidienne où nous n'avons affaire qu'à du changement que s'intéresse Héraclite. En effet, au jour succède la nuit. Mais alors ce qui persiste à travers le changement, c'est le changement lui-même, selon Héraclite. Le changement, c'est l'être des choses. Mieux, c'est la combinaison des contraires qui fait que quelque chose existe. Le sec et l'humide, le petit et le grand, la vie et la mort… Avec Héraclite, la réalité est pensée à partir des contraires et du passage de l'un vers l'autre. Le feu, dans l'orage, se résout en eau. L'eau de la mer dépose le sable sur la plage... Les contraires sont la condition de toutes choses. À l'origine des choses, la nature, la *phusis*, doit son existence à un affrontement entre les contraires. Et cet affrontement engendre le réel. Le réel est lui-même un affrontement et un perpétuel devenir. Mais par-delà ce devenir, il y a un principe d'ordre et d'équilibre : le *logos* fait régner un principe d'équilibre sans lequel en effet tout cesserait d'exister. Ce principe fait revenir périodiquement toutes choses dans le feu originel, dans le *logos*.

BIOGRAPHIE
HÉRACLITE

Né vers 544-540 av. J.-C., Héraclite est originaire d'Éphèse en Ionie, non loin de l'île de Samos en Asie Mineure (il avait quarante ans dans la 69ᵉ Olympiade, 504-501 av. J.-C., selon Diogène Laërce, IX, 1).

Héraclite est le fils de Blyson et appartient à une famille noble et sacerdotale, celle d'Androclés de Codros, fondateur de la cité. Mais il aurait renoncé en faveur de son frère aux privilèges réservés aux aînés des descendants de cette famille, notamment la présidence aux cérémonies de Déméter. Toutefois sa connaissance des Mystères et son style de pensée semblent venir de sa formation religieuse.

Pour certains spécialistes, il a reçu d'Hécatée de Milet des informations sur les croyances égyptiennes de la vallée du Nil et s'en serait inspiré, notamment dans sa croyance au mythe de Dionysos, dans le rôle qu'il attribue au feu, principe d'intelligence dans le monde tel Phtah.

Héraclite est un adversaire acharné du parti démocratique où se trouvent les futurs adversaires des Perses. Selon toute vraisemblance, le philosophe a déconseillé de mener des expéditions militaires contre les Perses et a, pour cette raison, été calomnié comme ami des Perses. C'est aussi pour cette raison qu'il a quitté la cité pour vivre dans la solitude du temple d'Artémis : « Les Éphésiens méritent que tous ceux qui ont âge d'homme meurent, que les enfants perdent leur patrie, eux qui ont chassé Hermodore, le meilleur d'entre eux, en disant : ″Que parmi nous il n'y en ait pas de meilleur ; s'il y en a un, qu'il aille vivre ailleurs″. » (Fragment 121, Diogène Laërce, IX, 2)

Héraclite décline l'invitation du parti conservateur, dirigé par Isagoras, à se rendre à Athènes. Il refuse d'établir une législation à Éphèse où le tyran Mélancomas a été chassé du pouvoir au motif qu'une mauvaise constitution s'y est trop enracinée.

Selon certaines sources, il a été persécuté pour athéisme (cette assertion se trouve chez des auteurs chrétiens, Justin de Naplouse et Athénagore).

Les anecdotes sur sa mort sont contradictoires. Ermite, il partit vivre dans les montagnes, vivant de plantes ; mais, étant tombé malade il mourut d'hydropisie, d'autres disent qu'il mourut plus tard d'une autre maladie. Héraclite serait mort vers 475.

ANALYSE DE
SA PENSÉE

Un style oraculaire

Le style d'Héraclite se rapproche tellement des sentences oraculaires, du langage de la Sybille, la vénération de soi est si poussée chez lui qu'on a pu souvent parler à son propos de mépris hautain, voire d'arrogance. Tout en étant Grec, il renonce à la clarté du style sans doute par dédain pour les hommes. Il s'exprime comme s'il recevait ses mots des dieux eux-mêmes, par une forme de connaissance intuitive du vrai et non par la connaissance abstraite de la raison : au sens propre du terme, par enthousiasme. Solitaire, il vit dans la retraite d'un sanctuaire, où, d'après ses biographes, il joue aux osselets avec les enfants, loin des affaires publiques. La sagesse jaillit en lui du plus profond de lui-même, aux antipodes de la recherche empirique. Il philosophe en s'examinant lui-même : « Les yeux sont des témoins plus précis (sûrs) que les oreilles [Constatation et ouï-dire.] » (fragment 101a., trad. Simone Weil). Héraclite mettrait ainsi en pratique le fameux : « Connais-toi toi-même » du temple de Delphes.

La vraie sagesse

La pensée d'Héraclite s'inscrit en premier lieu dans une opposition entre recherche (*istorein*) et sagesse (*sophein*) ; elle se situe entre les multiples expériences à la base de l'apprentissage et la connaissance intuitive du sage. C'est pourquoi il s'oppose à Pythagore et aux poètes antiques. De là son orgueilleux isolement : « L'étendue des connaissances n'enseigne pas à avoir l'esprit ; sans quoi elle l'aurait enseigné à Hésiode et Pythagore, et encore à Xénophane et Hécatalos (??) » (fragment 41). « Etre sage consiste en un seul point, qui est savoir que la pensée (*gnomè*) gouverne toutes choses au moyen de toutes choses » (fragment 55). « Je fais cas de

19

tout ce qu'on peut voir, entendre, apprendre » (fragment 30). « Hésiode est maître de la plupart des choses. On sait qu'il a su la plupart des choses. Et il ne connaissait pas le jour et la nuit, car ce sont une seule et même chose » (fragment 57). Pythagore n'a selon Héraclite qu'un savoir emprunté. Sa sagesse n'est qu'une imposture. Héraclite, quant à lui, méprise l'exaltation dionysiaque de la maison d'Éphèse où des mages et des initiés dansent en l'honneur du dieu. Il n'y voit que désirs obscènes. De même, il s'oppose aux sacrifices et cérémonies expiatoires de son temps : « Vainement les hommes souillés de sang par le sang se purifient; comme si quelqu'un qui est tombé dans la boue se lavait avec de la boue. Si on voyait un homme agir ainsi on le croirait fou. Et ils prient les images des dieux, comme si on s'entretenait avec une maison. Ils ne savent pas ce que sont les dieux et les héros. Ce sont des porcs qui se jettent dans la fange » (fragment 5) ; « Les porcs se lavent avec le fumier, les oiseaux avec la poussière et la cendre » (fragment 37). Héraclite s'en prend à l'iconolâtrie et déteste les créateurs de la mythologie populaire que sont Homère et Hésiode : « Il faut éteindre l'*ubris* de préférence à l'incendie » (fragment 42). Le philosophe livre donc une doctrine intransigeante qui ne voit que mensonge et tromperie dans ce qui n'est pas elle. Les poètes enseignent le faux. Le culte dionysiaque est nuisible. Le sage est selon lui un réformateur religieux, un découvreur solitaire, qui a foi en l'unité et l'éternelle régularité du processus de la nature.

L'unité du monde

Héraclite est le seul philosophe à avoir reconnu la régularité unitaire du monde mais les hommes ne voient pas cette régularité. C'est pourquoi il leur tourne le dos : « Quant au *logos*, ce *logos* éternellement réel, les hommes à ce sujet sont sans compréhension tant qu'on ne leur en a pas parlé et quand on commence à leur en parler. Alors que toutes choses se produisent conformément au *logos*, on croirait qu'ils n'en ont pas fait l'expérience. Alors qu'ils ont en fait l'expérience de paroles et de faits analogues à ceux que je décris en distinguant chaque chose selon sa nature, et en expliquant comment elle est. Les autres hommes ne savent pas ce qu'ils font étant éveillés, de même qu'ils ne savent plus ce qu'ils ont fait [en rêve] dans leur sommeil » (fragment 1) ; « Entendant sans comprendre, ils sont comme des sourds. Cette parole témoigne à leur sujet, que présents ils sont absents » (fragment 34). Lui seul a reconnu la négation de la permanence du monde, c'est-à-dire le mouvement éternel et il a reconnu la régularité unitaire du mouvement. La permanence se présente comme une parfaite illusion, un produit de notre intelligence humaine. C'est la faiblesse de la perception humaine qui induit en erreur : pour la perception rapide cesse tout devenir. Avec Héraclite, la nature est aussi infinie à l'intérieur qu'à l'extérieur. Un jour ou l'autre, notre monde terrestre doit nécessairement périr. La chaleur du soleil ne peut pas durer toujours. La source de la chaleur est limitée.

Le logos dans les choses

Selon Héraclite, il n'existe rien dont on puisse dire : il est. Le philosophe nie l'être ; il ne connaît que ce qui devient, que ce qui s'écoule. La foi en la permanence est une ineptie. Ce qui devient est en éternelle transformation et la loi de cette transformation, c'est le logos dans les choses, c'est-à-dire l'Un, c'est-à-dire le feu. L'Un qui est en devenir est à lui-même sa propre loi. Dans un sens opposé à Parménide, Héraclite pense que toutes les qualités des choses, toutes les lois, toute naissance et toute mort sont la manifestation de l'existence de l'Un. La multiplicité, qui selon Parménide est une illusion des sens, est ici robe d'apparat, la forme de manifestation de l'Un, et non une illusion des sens car l'Un n'apparaît pas autrement : « Ce monde (cet ordre du monde - *cosmos*), le même pour tous, aucun des dieux, aucun des hommes ne l'a fait, mais toujours il a été, est et sera, feu toujours vivant, allumé selon la mesure, éteint selon la mesure » (fragment 30) ; « Les conversions du feu; d'abord la mer, et de la mer, la moitié terre, la moitié ouragan. La mer s'écoule (il s'écoule comme mer) et est mesurée dans (*eis*) le même *logos* qu'avant l'apparition de la terre. [La mer est l'*apeiron*, la matière. Le feu est la semence.] (fragment 31). Le devenir ct le déclin sont la propriété de ce principe.

Une cosmodicée

Il y a le devenir et aussi, second principe, la justice (*diké*) : « Si ces choses [les crimes] n'étaient pas, ils ne reconnaîtraient pas le nom de la Justice (fragment 23) ; « Ce monde (cet ordre du monde - *cosmos*), le même pour tous, aucun des dieux, aucun des hommes ne l'a fait, mais toujours il a été, est et sera, feu toujours vivant, allumé selon la mesure, éteint selon la mesure » (fragment 30) ; « Car le soleil ne franchira pas ses mesures. Autrement les Érinyes alliées de la Justice le surprendraient » (fragment 94).

Le processus de cette *diké* est le conflit : « Tout est déterminé par la destinée » (fragment 137) ; « Ils ne comprennent pas comment ce qui s'oppose s accorde dans une identité. L'harmonie est changement de côté (acte de tourner, va et vient,),comme pour l'arc et la lyre. [*cf.* Lao Tseu sur l'arc.] » (fragment 51) ; « Il faut savoir que la guerre est liaison, union (*ó*), que la justice est lutte, que toutes choses se produisent conformément à la lutte » (fragment 80). La guerre est universelle, est la *dikè*, est conflit : tout se produit conformément au conflit. Le conflit est action ininterrompue d'une *diké* unitaire, conforme aux lois, et rationnelle. Chaque lutteur isolé combat comme s'il était seul dans son bon droit mais un critère absolument sûr fonde le verdict du juge et décide de quel côté doit pencher la victoire.

Le devenir éternel a d'abord un aspect terrifiant mais une force supérieure transforme cet effet en son contraire : sublime ravissement. Les prédicats opposés s'attirent : à chaque instant de l'existence d'un homme agissent la forme de la mort et celle de la vie : « C'est une même chose qu'être vivant et mort, éveillé et dormant, jeune et vieux. Ces choses sont changées les unes dans les autres et de nouveau changées » (fragment 88). Leur conflit éternel ne permet ni victoire ni défaite. Le monde est un cratère dont le contenu doit être constamment mélangé pour ne pas se séparer : « Même les boissons mélangées se séparent si on ne les agite pas. 125a. [Richesse aveugle - Héraclite aux Éphésiens :] Que la richesse ne vous abandonne pas pour que vous soyez convaincus de vice. Les choses froides s'échauffent, les choses chaudes se refroidissent, l'humide sèche, le sec s'humecte » (fragments 125 et 126) Plaisir et déplaisir ; savoir et ignorance, grand et petit, haut et bas : les contraires coexistent.

Le feu

Un autre grand principe gouverne les choses : Héraclite dépend ici encore d'Anaximandre. Pour celui-ci en effet, les premiers stades du monde, du devenir, sont le chaud et le froid. De là provient l'humide, le giron maternel de toutes les choses : « Les choses froides s'échauffent, les choses chaudes se refroidissent, l'humide sèche, le sec s'humecte » (fragment 125). Chez Héraclite, le feu est aussi le souffle : « La mort pour les âmes est devenir eau [*cf.* les fumées exhalées des eaux, *cf.* baptême], la mort pou l'eau est devenir terre. De la terre naît l'eau et de l'eau naît l'âme » (fragment 36) L'âme ici doit être entendue au sens de respiration, souffle. De la terre naît l'eau, et de l'eau, l'âme. Il y a donc trois stades de la transformation : chaud, liquide et solide (terre). Le monde actuel se décomposera dans le feu et du brasier cosmique surgira un monde nouveau.

Au cœur de la pensée d'Héraclite, on trouve donc le fait qu'au dieu tout apparaît bon et qu'à l'homme beaucoup de choses apparaissent mauvaises : « Pour Dieu toutes choses sont belles, bonnes et justes. Les hommes conçoivent les unes comme injustes les autres comme justes » (fragment 102). Pour le dieu, l'abondance de conflits se dissout dans l'harmonie. Il y a innocence de création et de destruction : l'enfant qui joue aux dés ou l'art : « Le temps est un enfant qui joue au trictrac. Ce royaume est celui d'un enfant. Le feu, le temps joue, construit et détruit » (fragment 32). *Polémos* est une vision artistique et non morale : il n'y a pas ici de téléologie, de tendance morale de la totalité. L'enfant cosmique n'agit pas selon des fins mais selon une *diké* immanente. Le feu éternel qui construit le monde par jeu contemple tout ce processus en spectateur. La sagesse d'Héraclite est de ne faire plus qu'un avec cette intelligence contemplative. Il n'y a pas chez lui d'éthique comportant des impératifs : tout est destin. Le destin de l'homme est son caractère inné : « L'habitude est le génie de l'homme (à)…» (fragment 119) Tout survient conformément au *logos*. Tout ce qui appartient à l'ordre du monde est régie par la raison. Plus l'homme est feu, plus il est rationnel. Plus il est eau, plus il est irrationnel. Héraclite acquiesce à la présence d'une universelle destinée qu'il appelle *logos* : « Pour Dieu toutes choses sont belles, bonnes et justes. Les hommes conçoivent les unes comme injustes les autres comme justes » (fragment 102).

Une doctrine du logos, de l'Un

Héraclite est le premier penseur du logos, terme présent dans une dizaine de fragments dans lesquels il prend significations variées : la parole, l'intelligence, le rapport, le feu, l'harmonie, la loi ou la sagesse. Le terme est présent dans ces fragments avec toutefois une unité de sens lié à la *phronésis* : *logos* et *phronésis* désignent ensemble le langage et l'intelligence du monde. Il permet à la fois de réunir de dire et de penser l'unité de toutes choses dans le monde. *Logos* ne désigne plus ici la parole habile et rusée du héros homérique de l'*Iliade* : il signifie une « intelligence qui parle », mi-divine, mi-humaine. *Logos* est à la fois le principe intelligent harmonieux qui incarne l'univers et la parole prophétique qui exprime cette unité. Il est le discours vrai incarné par Héraclite qui reproduit dans et par son discours énigmatique l'harmonie des contraires contenus dans le monde.

Pour la première fois, nous sommes avec Héraclite en présence d'une philosophie centrée sur la notion centrale de *logos* qui n'est non pas (pas encore) ratio, la raison, mais tout à la fois l'intelligence, la parole, la sagesse. Ce n'est pas encore un concept mais un terme polysémique, associé d'ailleurs au cosmos dans le fragment 31 : « Les conversions du feu ; d'abord la mer, et de la mer, la moitié terre, la moitié ouragan. La mer s'écoule (il s'écoule comme mer) et est mesurée dans (*eis*) le même *logos* qu'avant l'apparition de la terre. [La mer est l'apeiron, la matière. Le feu est la semence.] ». Ainsi qu'à l'intelligence dans ces fragments : « A Priène naquit Bias, fils de Teutamos, qui avait plus de valeur (*logos*) que les autres » (fragment 39) ; « On ne peut trouver les limites de l'âme, même en faisant toute la route, tant elle a un *logos* profond » (fragment 45) ; « L'homme mou aime à chaque mot être... ? » (fragment 87) ; « Le *logos* de l'âme est quelque chose qui s'accroît soi-même » (fragment 115). Aux deux en même temps dans ces fragments : « Quant au *logos*, ce *logos* éternellement réel, les hommes à ce sujet sont sans compréhension tant qu'on ne leur en a pas parlé et quand on commence à leur en parler. Alors que toutes choses se produisent conformément au *logos*, on croirait qu'ils n'en ont pas fait l'expérience. Alors qu'ils ont en fait l'expérience de paroles et de faits analogues à ceux que je décris en distinguant chaque chose selon sa nature, et en expliquant comment elle est. Les autres hommes ne savent pas ce qu'ils font étant éveillés, de même qu'ils ne savent plus ce qu'ils ont fait [en rêve] dans leur sommeil » (fragment 1) ; « [...] C'est pourquoi il faut s'attacher au commun. Car le commun unit. Mais lors que le *logos* est commun aux êtres vivants, la plupart s'approprient leur pensée comme une chose personnelle » (fragment 2) ; « Ceux qui ont entendu non moi mais *le logos*, sont d'accord que la sagesse, c'est : un est tout » (fragment 50) ; « Ce *logos* qui gouverne l'ensemble de toutes choses (tout l'univers), avec lequel ils ont continuellement le plus étroit commerce, ils en sont séparés, et les choses qu'ils rencontrent chaque jour leur paraissent étrangères » (fragment 72) ; « De tous ceux dont j'ai entendu les discours, nul n'est parvenu à ceci, à savoir connaître qu'être sage est être séparé de toutes choses » (fragment 108).

Il existe donc dans les fragments deux conceptions : celle d'un *logos*-cosmos et celle d'un *logos*-intelligence, et donc deux niveaux d'interprétation :

1) *logos*-cosmos : « Toutes les choses arrivent selon le *logos* » ; le *logos* est donc le principe du devenir, car il joue un rôle primordial dans le processus d'arrangement des

choses dans le cosmos : le *logos* est ce qui est commun à tout. Le *logos* est ce qui gouverne l'ensemble des choses dans le monde (fragment 72). C'est l'unité de toutes choses qui est révélée par lui (fragment 50). Le *logos* affirme l'unité des choses car il est la sagesse. Il existe chez Héraclite un lien entre physique et métaphysique : le *logos* fait partie de l'ordre de l'ordre cosmique et en même temps agit sur lui, le gouverne. *Logos* et cosmos sont indissociables.

2) *logos*-intelligence : il n'y a pas de *logos* sans intelligence, si l'on n'est pas capable de saisir la leçon, la parole du maître qui instruit. Écart entre parole particulière, privée, chez l'élève et parole universelle, ouverte au monde chez le maître. Les hommes s'écartent du *logos* (fragment 72) ; ils en restent éloignés ils restent éloignés de la chose commune. Le maître va dire le *logos* en attestant l'incapacité des hommes à entendre sa leçon. Le *logos* passe au travers du maître. En s'unifiant à lui. Héraclite est en quelque chose le porte-parole du *logos*. Seul celui qui est sage est capable d'écouter et de dire l'unité des choses. Pas d'intelligence sans *logos*. C'est l'intelligence qui permet une bonne compréhension de la vérité. L'intelligence permet à l'enseignement de croître ou de diminuer (fragment 115).

La sagesse est un parler vrai et un agir selon la nature (fragment 112) c'est-à-dire une connaissance de soi, une sagesse qui suppose une bonne écoute de la nature, une prise de connaissance de notre insertion dans le tout, un parler et un agir selon le tout. L'intelligence est liée à ce qui est universel (fragments 113 et 114) : « Etre raisonnable est la plus grande vertu, et la sagesse est de dire la vérité et d'agir conformément à la nature avec attention » (fragment 112) ; « La raison est commune à tous » (fragment 113) ; « Ceux qui parlent avec intelligence (*ùó*), il faut qu'ils se fortifient au moyen de ce qui est commun à [tous] [toutes choses] comme une ville avec la loi, et beaucoup plus fermement. Car toutes les lois humaines se nourrissent d'une seule loi divine. Car elle peut ce qu'elle veut et suffit à toutes choses et triomphe » (fragment 113). *Logos* et *phronésis* s'appliquent à rassembler et à unifier les *kata* du cosmos (fragment 113), ce qui est commun à tous. Le *logos* touche à la question de l'être et de la nature, du cosmos. Héraclite nous offre donc la première philosophie du *logos*. Enseignement et parole sont au service de l'intelligence : *logos*, parole, leçon, pensée.

CONCLUSION

Selon une conception de la *phusis* qui désigne d'abord l'action de naître, croître, pousser, autrement dit d'un surgissement spontané des choses et non encore une puissance qui produit cette manifestation, Héraclite formule des lois : la loi du devenir, la loi des contraires, la loi des échanges constants, la loi de l'équilibre des contraires et de leur harmonie. Cette loi, cette formule permet de se rapprocher de la vérité. Le philosophe souligne l'identité du connaître et de l'être, de l'intelligence et de la loi. *Logos* est une intelligence qui parle. Harmonieuse et sage, elle lie les choses ensemble.

La pensée d'Héraclite est toutefois loin d'être complètement élucidée : nous ne sommes pas complètement sûrs du sens qu'il faut attribuer au mot *logos*, central dans ses fragments. De même, nous ne savons pas grand-chose de l'idée que le philosophe se faisait de l'immortalité de l'âme.

Son influence est toutefois considérable. Aristote tout d'abord a répandu l'idée qu'Héraclite croit que tout l'univers est rempli des dieux et de *daimones*. Il les voit jusque dans la flamme du foyer. Les âmes émanent du *logos* universel ; elles naissent du feu divin. Dans l'ivresse, l'âme se résout en eau, tombe au rang de matière inerte puis meurt. Ces idées seront reprises par les Stoïciens puis par les néoplatoniciens qui influenceront les premiers penseurs chrétiens.

Plus près de nous, l'idée selon laquelle les contraires sont la condition de toutes choses, la tension entre eux engendrant la réalité, nourrit une grande partie de la philosophie à l'époque moderne dans la conception de la dialectique (Hegel, Marx).

Mais c'est vers Nietzsche qu'il faut se tourner pour mesurer le poids de la pensée héraclitéenne. Philologue et helléniste, le philosophe allemand a fait en effet du penseur ionien l'une des principales sources de sa pensée. Nietzsche, dans la perspective de la mort de Dieu, récuse la distinction, d'origine essentiellement platonicienne, de l'être et du devenir.

Cette distinction permet de penser la permanence et l'essence d'un objet ou d'un corps quelconques, attachées à sa substance (ce qui demeure d'un sujet identique, par exemple une personne, qui reste la même tout le temps qu'elle vit), tout en conciliant cette permanence avec le changement, le devenir, la contingence, la « corruption ». Être et devenir sont donc opposés par les Grecs comme repos et mouvement.

Nietzsche lui aussi rejette toute idée d'être, de substance, tant de l'âme que du corps. L'esprit et les pulsions du corps sont continuellement en mouvement. Il n'y a pas d'être : tout devient, aussi bien dans l'esprit que dans le corps et la matière.

PRINCIPAUX
OUVRAGES

Quelques commentaires

Brun (Jean), *Héraclite ou le philosophe de l'éternel retour*, Paris, Seghers, 1965. Coll. « Philosophes de tous les temps ».

Colli (Giogio), *Héraclite*, Combas, éditions de l'Éclat, 1992.

Heidegger (Martin), « Logos (Héraclite, fragment 50) », *Essais et conférences*, Paris, Gallimard, 1958.

Heidegger (Martin), « Alèthéia (Héraclite, fragment 16) », *Essais et conférences*, Paris, Gallimard, 1958.

Nietzsche (Friedrich), *Les Philosophes présocratiques*, Combas, éditions de l'Éclat, 1992.

LA CITATION

Héraclite lu par Friedrich Nietzsche

« Héraclite était fier : et quand un philosophe en arrive à la fierté, c'est une grande fierté. Son action ne le porte jamais à rechercher un ″public″, l'applaudissement des masses ou le chœur adulateur des contemporains. S'en aller solitaire par les rues appartient à la nature du philosophe. Ses dons sont des plus rares, et dans un sens, contre-nature, exclusifs et hostiles même à l'égard des dons semblables. Le mur de la satisfaction de soi-même doit être de diamant, pour ne pas rompre ni se briser, car tout est en mouvement contre lui. Son voyage vers l'immortalité est plus semé d'obstacles et d'entraves qu'aucun autre ; et pourtant nul ne peut croire plus sûrement que le philosophe qu'il arrivera au but par cette voie - il ne saurait où se tenir sinon sur les ailes déployées de tous les temps ; la non-considération des choses présentes et instantanées composant l'essence de la grande nature philosophique. Lui a la vérité : libre à la roue du temps de tourner dans l'un ou l'autre sens : jamais elle n'échappera à la vérité. Il importe d'apprendre que de pareils hommes ont vécu une fois. Jamais l'on n'oserait imaginer la fierté d'Héraclite comme une possibilité oiseuse. Tout effort vers la connaissance paraît, de par sa nature, éternellement insatisfait et insatisfaisant. Aussi nul ne voudra croire s'il n'est renseigné par l'histoire, à la réalité d'une opinion de soi aussi royale que celle que confère la conviction d'être l'unique et heureux prétendant de la Vérité. De pareils hommes vivent dans leur propre système solaire : c'est là qu'il faut aller les trouver. Un Pythagore, un Empédocle, traitaient leur propre personne avec une surhumaine estime, avec une crainte quasi religieuse ; mais le lien de la compassion noué à la grande conviction de la migration des âmes et de l'unité de tout ce qui est vivant, les ramenait aux autres hommes, pour le salut de ces derniers. Quant au sentiment de solitude dont était pénétré l'ermite éphésien du temple d'Artémis, on n'en saurait éprouver quelque chose qu'au milieu des sites alpestres les plus désolés. Nul sentiment de toute puissante pitié, nul désir de venir en aide, de guérir ou de sauver n'émane de lui. C'est un astre sans atmosphère. Son œil, dont l'ardeur est toute dirigée vers l'intérieur, n'a qu'un regard éteint et glacial, et comme de pure apparence, pour le dehors. Tout autour de lui les vagues de la folie et de la perversité battent la forteresse de sa fierté : il s'en détourne avec dégoût. Mais de leur côté les hommes au cœur sensible évitent une pareille larve comme coulée de bronze ; dans un sanctuaire reculé, parmi les images des dieux, à l'ombre d'une architecture froide, calme et ineffable, l'existence d'un pareil être se conçoit encore. Parmi les hommes, Héraclite, en tant qu'homme, était inconcevable ; et s'il est vrai qu'on a pu le voir observant attentivement le jeu d'enfants bruyants, il est vrai aussi que ce faisant il a songé à quelque chose à quoi nul homme ne songe en pareil cas : au jeu du grand entant universel, Zeus. Il n'avait point besoin des autres hommes, pas même pour ses connaissances ; il ne tenait point à leur poser toutes les questions que l'on peut leur poser, ni celles que les sages s'étaient efforcés de poser avant lui. Il parlait avec mépris de ces hommes interrogateurs, accumulateurs, bref, de ces hommes "historiques". "C'est moi-même que je cherchais et explorais" disait-il en se servant d'un terme qui définit l'approfondissement d'un oracle : tout comme s'il eût été le véritable et l'unique exécuteur de la sentence delphique : "Connais-toi toi-même !"

Quant à ce qu'il percevait dans cet oracle, il le tenait pour la sagesse immortelle et éternellement digne d'interprétation, d'un effet illimité dans le lointain avenir, à l'exemple des discours prophétiques de la Sibylle. Il y en a suffisamment pour l'humanité la plus tard venue : pourvu qu'elle veuille seulement interpréter comme une sentence d'oracle ce que lui ″n'exprime ni ne cache″ tel le dieu delphique. Et encore qu'il l'annonce ″sans sourire, sans ornement ni parfum″ mais bien plutôt avec ″une bouche écumante″, il faut que cela parvienne jusqu'aux millénaires de l'avenir. Car le monde a éternellement besoin de la vérité, il a donc éternellement besoin d'Héraclite : quoiqu'Héraclite n'en ait point besoin lui-même. Que lui importe sa gloire ? La gloire chez ″les mortels qui sans cesse s'écoulent !″ s'est-il écrié avec ironie. Sa gloire intéresse sans doute les humains, elle ne l'intéresse pas lui-même ; l'immortalité des humains a besoin de lui, et non pas lui-même de l'immortalité de l'homme Héraclite. Ce qu'il a vu, la doctrine de la loi dans le devenir et du jeu dans la nécessité, doit dès maintenant être vu éternellement : il a levé le rideau sur le plus grand de tous les spectacles. » (*Les Philosophes présocratiques*, trad. de l'allemand par Jean-Louis Backès, Michel Haar et Marc de Launay d'après l'édition de Giorgio Colli et Mazzino Montinari)

DANS LA MÊME COLLECTION
(par ordre alphabétique)

- **Claude Le Manchec**, *Anaximandre*
- **Claude Le Manchec**, *Arendt*
- **Claude Le Manchec**, *Aristote*
- **Claude Le Manchec**, *Averroès*
- **Claude Le Manchec**, *Bachelard*
- **Claude Le Manchec**, *Bergson*
- **Claude Le Manchec**, *Beauvoir*
- **Claude Le Manchec**, *Berkeley*
- **Claude Le Manchec**, *Cicéron*
- **Claude Le Manchec**, *Condillac*
- **Claude Le Manchec**, *Deleuze*
- **Claude Le Manchec**, *Démocrite*
- **Claude Le Manchec**, *Descartes*
- **Claude Le Manchec**, *Diderot*
- **Claude Le Manchec**, *Durkheim*
- **Claude Le Manchec**, *Empédocle*
- **Claude Le Manchec**, *Épicure*
- **Claude Le Manchec**, *Foucault*
- **Claude Le Manchec**, *Freud*
- **Claude Le Manchec**, *Hegel*
- **Claude Le Manchec**, *Heidegger*
- **Claude Le Manchec**, *Hobbes*
- **Claude Le Manchec**, *Hume*
- **Claude Le Manchec**, *Husserl*
- **Claude Le Manchec**, *Kant*
- **Claude Le Manchec**, *Kierkegaard*
- **Claude Le Manchec**, *Leibniz*
- **Claude Le Manchec**, *Levinas*

- **Claude Le Manchec**, *Lucrèce*
- **Claude Le Manchec**, *Machiavel*
- **Claude Le Manchec**, *Malebranche*
- **Claude Le Manchec**, *Marc Aurèle*
- **Claude Le Manchec**, *Marx*
- **Claude Le Manchec**, *Montaigne*
- **Claude Le Manchec**, *Montesquieu*
- **Claude Le Manchec**, *Nietzsche*
- **Claude Le Manchec**, *Pascal*
- **Claude Le Manchec**, *Platon*
- **Claude Le Manchec**, *Plotin*
- **Claude Le Manchec**, *Rousseau*
- **Claude Le Manchec**, *Russell*
- **Claude Le Manchec**, *Saint Augustin*
- **Claude Le Manchec**, *Saint Thomas*
- **Claude Le Manchec**, *Sartre*
- **Claude Le Manchec**, *Schopenhauer*
- **Claude Le Manchec**, *Sénèque*
- **Claude Le Manchec**, *Spinoza*
- **Claude Le Manchec**, *Tocqueville*
- **Claude Le Manchec**, *Wittgenstein*

Lightning Source UK Ltd.
Milton Keynes UK
UKHW011232240921
391121UK00002B/364

9 782367 886176